군말 없이

지혜사랑 310

군말 없이

김길중 시집

시인의 말

고요히 흘러가는 것들은 그저 지켜봐야겠다
군말 없이

2025년 여름
김길중

차례

시인의 말 ———————————— 5

1부

人 ———————————————— 12
심줄 ——————————————— 13
꾹꾹 누른다 ————————————— 14
컵라면 —————————————— 15
뿔 ———————————————— 16
숨을 쉰다는 것은
살아있음에 대한 경이로운 몸짓이다 ——— 18
맨발 ——————————————— 19
그레이스 켈리 ———————————— 20
뼁! ——————————————— 22
부끄러움 —————————————— 23
하차 벨 —————————————— 24
삼강주막 —————————————— 26
군말 없이 —————————————— 28
두부 ——————————————— 29

2부

알람소리	32
간이역	33
충전	34
뭘 까?	35
순리順理	36
구멍	38
八字	39
예방	40
날아오르려는 것들에 대하여	41
유전자	42
주름	43
관성의 법칙	44
땡그랑!	45
문득	46

3부

코리언 드림 —————————— 48
추모공원에 한번 다녀와야겠다 —————— 50
이모티콘 —————————— 51
보시布施 —————————— 52
에덴의 동쪽 —————————— 54
희생 —————————— 56
관세음보살 —————————— 57
뜸 —————————— 58
악! —————————— 59
줄 —————————— 60
토吐 —————————— 62
알 숨기 —————————— 63
원기소 —————————— 64
쑥국 —————————— 65

4부

욕쟁이 할머니	68
가라루파	69
회룡포 연가	70
가방끈	72
역지사지 易地思之	73
석송령	74
동안거	76
골타기	77
봉덕동	78
빨랫줄	79
몰염치	80
닮은꼴	81
거인	82
그런 줄 알았다는 듯	83

해설 • 타자를 환대하여
　　　나를 풍요롭게 하는 시편들 • 이형권 ── 85

- **일러두기**

  페이지의 첫줄이 연과 연 사이의 띄어쓰기 줄에 해당할 경우 >로 표시합니다.

1부

人

점심때 지나
노부부가 곰탕집으로 들어선다

할아버지가
햇살 드는 창가 쪽 테이블로 가더니
의자를 빼주자 할머니가 당연하다는 듯 앉는다

김이 모락모락 나는 곰탕이 나오고
할아버지는 곰탕을 뜨면서도 연신 할머니를 바라본다

먼저 수저를 놓은 할아버지가
할머니의 곰탕 뚝배기를 두 손으로 기울이자
이번에도 당연하다는 듯 할머니는 마지막 국물까지 퍼 드신다

할아버지가 평생 받아온 기울임을
이제 되돌려 주는 모양이다

곰탕 그릇을 깨끗이 비우고
노부부가 손잡고 곰탕집을 나간다

사람 人字다

심줄

묶여있던 시간이 풀려
세월의 외곽을 뚫고 나온 것처럼
고집스러워 보이는 나무뿌리에 걸려 넘어졌다

뿌리는
어릴 적 본 아버지 팔뚝의 힘줄 같고
시장통 노파의 손등에 불거진 검붉은 핏줄 같다

생의 언저리에서
구불구불해진 뿌리에 걸려 넘어졌으니
그 질김을 탓할 일은 아니다

땅을 뚫고 나와
무뚝뚝하게 뻗어나간 것이
나무를 끌고 가는 그만의 고집스런 줏대 같아

내 삶의 몸살에
나를 끌고 갈 고래 심줄 같은 게 내게도 있었으면 싶었다

심줄은 질겨야 제 맛이니
아주 질기고 질긴

꾹꾹 누른다

머리에 수건 두르고
풍덩한 몸빼 바지 입은 할머니가 쪽 마늘을 심는다

밭고랑
간격 맞춰 뚫어 놓은 작은 구멍에
쪽 마늘 하나씩 넣고 손가락으로 꾹꾹 누른다

누가 먹는다고 그렇게 많이 심냐 물으니 큰 딸년은 삼겹살 먹을 때 알싸하게 매운 마늘이 최고라고 지랄이고 작은 딸년은 반찬으로 마늘쫑만 한 게 없다고 지랄이니 하는 수 없이 해마다 이 지랄한다며 나를 힐끗 쳐다본다

애들 학비 때문에 밭 담보 잡히며 꾸우욱 누르던 그 손으로
집안 돌보지 않던 바깥양반 때문에 본인 가슴 꾸우욱 누르던 그 손으로
꾹꾹 눌러 심으며

젊어서는 그 양반이 나를 꾹꾹 눌러주었는데 늙어서는 내가 딸년들을 위해 꾹꾹 누르고 있다며 씩 웃으신다

참 맑다

컵라면

벙거지 모자를 푹 눌러쓴 노인이
생의 마지막 자존심처럼 접혀진 박스를 차곡차곡 펴
리어카에 싣고 언덕을 오른다

숨을 몰아쉬는 리어카의 굵은 바퀴 자국이
노인의 이마에 패인 주름살처럼 깊다

도심 뒷골목의 분주함이
가난한 슬픔으로 조각조각 부서져
그 가난을 주우려 온종일 두 바퀴에 매달려 가는 노인

리어카가 무거워지면 마음이 가벼워지고
리어카가 가벼워지면 마음이 무거워지는

저녁때가 한참 지난 시간
어두컴컴한 골목에서 어둠보다 더 짙은 어둠이 웅크리고 앉아
컵라면에 물을 붓는다

리어카에는
호된 오늘이 착착 접혀 실려 있고
노인은 컵라면의 마지막 국물을 들이켜고 있다

뿔

TV 속 원형경기장 안에서 황소 두 마리가 떡 버티고 서서 싸움 중이다

툭 불거진 눈
허공에 내뿜는 콧김
바닥을 쿡쿡 찍어대는 앞다리
서로를 향해 단단하게 치솟은 뿔

일
촉
즉
발

사소한 일로 다투어 며칠째 서먹서먹해진 우리 부부의 얼굴 위로 훅, 불어닥치는 바람처럼 오버랩되는 TV 속 장면

뿔과 뿔이 대치하고 있는 두 마리 황소처럼 당신과 나는 숨죽인 눈빛으로 서로를 곁눈질하고 있다

심장 박동 수를 감지하며 서로를 응시하고 있지만
한 마리가 돌아서면 끝나는 소싸움처럼
내가 먼저 돌아서고 싶다

\>
소가 넘어가듯
속아 넘어가듯

숨을 쉰다는 것은 살아있음에 대한 경이로운 몸짓이다

봄날이 화창해 산책을 나갔다가
산동네로 향하는 오르막길을 만나 오르기 시작하였다

골목에는 햇살과 그늘이 뒤섞여 뒹굴고 오가는 이들의 꽁무니를 쫄래쫄래 뒤따르던 흰 개와 검둥이가 허물어진 벽 속으로 들어가고

한 할머니가
웅크린 고양이처럼 앉아
검푸른 핏줄이 불거진 손으로 간밤의 비에 젖은 꽃잔디를 매만지고 있다

비목碑木같은 담벼락에 휘갈겨진 *'달동네'*라는 낙서 위로 정오의 햇살이 직각으로 내리꽂다 돌담에 부딪혀 산산조각 나도

자꾸 화창해서
봄날이 데구루루 구르고 있어

*'숨을 쉰다는 것은 살아있음에 대한 경이로운 몸짓'*이라는 글귀를 동네 어귀에다 적어 두고 돌아와
늦은 점심을 오후의 햇살과 먹었다

맨발

　맨발로 산을 오르다 산중턱에 걸터앉자 나뭇잎들이 손 인사를 건넨다 신발을 신고 오를 땐 새소리 하나 들리지 않더니 지금은 새 울음소리 들리고 꽃들의 함박웃음 보이고 한 세월 털고 누운 낙엽들이 몸 추스르며 건네는 마지막 인사도 받는다 맘 기울이니 산길이 온몸으로 말하는 것도 느껴진다 늘 조용한 줄만 알았던 이 산길이 즐겁게 요동치고 텅 빈 줄만 알았는데 꽉 차 있다 신발을 신고 걸을 때는 길만 보였는데 맨발로 걸으니 산이 보인다

　그때 그 사람에게도 맨발이었더라면,

그레이스 켈리*

강아지를 분양받았다

그레이스 켈리
모나코 왕비의 자태를 닮으라고 이름을 켈리라고 지었다

켈리는
집에 오자마자 두고 온 동생이라도 찾듯
통통걸음으로 방방 돌아다녔다

소파 위를 방방
이불 위를 방방
온 집안을 휘저으며 방방

그렇게 우리 가족들 품을 비집고 들어와 방방
신나게 뛰어다녔다

그레이스 켈리는 모나코 왕비로 26년을 살다 모나코 국민의 가슴속에 묻혔고 우리 집 켈리는 우리 가족으로 16년을 살다가 우리 가슴속에 묻혔다

발랄하게 지내다
세월의 바리케이드를 뚫고 사라졌지만

켈리는 지금도 우리 가슴속에 우아하게 살아있다

방방
켈리로

* 모나코 왕비가 된 미국 영화배우

뻥!

개수대에서 그릇 씻는 아내

미끄러지듯 포개진 두 개의 그릇이 떨어지지 않자
그릇을 떼 내느라 미간을 좁히며 용을 쓴다

아내는 점차 뚜껑 열리고
가스레인지 위의 주전자는 끓는 물에 뚜껑 열려
싱크대에서 폭발 직전의 전운이 감돌자
우리의 동공이 커져 갔다

그릇을 간신히 떼어낸 아내가
고무장갑을 벗고 차 한 잔 마시겠다고 주전자를 들자

주전자 뚜껑 닫히고
아내의 뚜껑 닫히고
우리의 동공 닫히고

꼭 열려야 할 때 열리지 않으면 진짜 뚜껑 열리지만
때론 뚜껑이 소통의 뚜껑이 되기도 해

열릴 땐
뻥! 소릴 내야
제 맛이 나기도 한다

부끄러움

시내버스에 올라 타 미소가 봄 햇살 같은 학생 옆자리에 앉았다 학생은 옆자리에 앉은 나를 아랑곳 않고 무슨 말인가를 하고 있었다 이상하다 싶어 흘낏 쳐다보니 혼잣말이었다 순간 나는 자리를 잘못 앉은 건 아닌지 이 학생이 갑자기 이상행동을 하면 어떻하나 싶어 학생을 주시하였고 불안에 휩싸였다 그때 버스가 급회전하며 학생의 몸이 내 쪽으로 쏠렸다 학생은 얼른 미안함을 나타내며 다리를 자기 쪽으로 가져갔고 순간 나의 불안은 눈 녹듯 사라지고 정상과 비정상에 대한 나의 생각에 부끄러움이 밀려들었다 그 학생의 중얼거림 속엔 다르다고 해서 비정상으로 낙인찍는 것은 잘못이라는 강변이 들어 있는 것만 같았다 나는 그 강변을 끌어안고 버스에서 내려 집으로 돌아오는 동안 정상과 비정상에 대한 생각이 나를 나무랬다

나는 지극히 정상적인가?

하차 벨

이번 정차할 곳은 롯데백화점입니다
다음 정차할 곳은 용문역 1번 출구입니다

하차 벨을 누르자
정류장에 버스가 정차하고

나는 내리고
버스는 낡은 엔진 소리를 내며 다시 출발했다
버스 안의 사람들은 시간의 손잡이에 매달려 목적지로 향할 것이다

버스가 꽁무니를 빼며 내달리는 중에도
누군가는 내릴 곳을 찾아 누군가는 내릴 곳을 놓쳐
오늘이 분주하겠지만

누군가는 처음부터 내릴 곳 없어
창밖으로 보이는 붉은 십자가에게 내릴 곳을 물을 것이다

나는 버스 꽁무니를 바라보며
생활 속에도 하차 벨이 있었으면 좋겠다는 생각을 했다

쉼 없이 굴러가는 것이

지겨울 때
누르게

삼강주막*

패랭이 쓰고 등짐 진 당신이
파드닥거리는 새처럼 조령을 넘었을 것이다

낙동강 칠백 리
낡은 신에 헤진 걸음이
해 지자 삼강주막으로 서둘러 당신을 데리고 들어갔을 것
이다

목마른 하루가
막걸리 사발 안으로 주르륵 쏟아지는 동안
문 밖 짚신 위로 어둠이 어둠을 덮으며 캄캄해졌을 것이다

오늘은
등짐 꽁무니에 매달린 짚신짝처럼
당신이 낳고 낳은 내가 종종걸음으로 조령을 넘었다

주막 부엌 벽면에 그어 놓은 주모의 외상 장부처럼
나는 삶에 빚만 지고 있어
단내 나는 당신의 삶을 만나보고 싶었다

패랭이에 등짐 진 당신의 몰아쉬는 숨소리는
내성천 금천 낙동강의 삼강절경 속으로 흘러간 지 오래겠

지만

   주막 뒤편에서
   누군가를 기다리듯 흔들리는 회화나무처럼
   어디 한군데는 당신을 닮았을 내가

   오늘 밤
   당신에게 막걸리 한 잔 따르고 싶으니
   부디 하룻밤 묵어가시길

* 경상북도 민속문화재로 지정된 예천에 있는 옛 주막

군말 없이

아내가
된장찌개를 끓인다

뚝배기에 된장, 무, 파, 두부, 버섯과 갖은 양념을 해 끓여 내는 아내의 된장찌개 맛이 어느 날은 짜고 어느 날은 싱겁다

간에 대해 무뎌진 건지
그날그날의 기분에 따라 간이 달라지는 건지

신혼 초
식탁 위 사소한 다툼도
한 세월 지나오며 우리를 숙성시켜
지금은 우리가 잘 숙성된 된장 맛처럼 깊어진 것 같은데
아내의 입맛은 점점 변하고 있다

오래전부터
음식 맛은 사람 맛이 반이라 했지만
내겐 사람 맛이 전부라서
아내의 간을 따른다

군말 없이

두부

두부는 물러 보여도 깡이 있다

갈리고 삶기고 무거운 돌에 눌려 만들어진 두부는
다시 칼에 베이고 뜨거운 물에 끓여지기도 하니 그럴 만도 하다

두부 같은 이웃집 형수는
두부를 잘 만드는 선수다

어려서부터
이리저리 치여서 그런지
물러 보이지만 깡이 있는 형수는
해마다 수확한 콩으로 두부를 만들어
이웃에게 나눠 준다

형수가 만드는 두부는
물기 없는 모두부부터 말랑말랑한 순두부까지 다양하지만
어느 것 하나 맛깔스럽지 않은 게 없다

그녀의 삶처럼

2부

알람소리

내가 필요할 때 나를 불러줘 언제든지 달려갈게~ 낮에도 좋아 밤에도 좋아 언제든지 달려갈게~ 짜라짜라짜라짠 짜짜

새벽부터 나를 흔들어 깨우는 소리

안하무인이지만 따지지도 묻지도 말고 자기가 필요할 땐 언제라도 불러달라는 요즘 보기 드문 친구라
간밤의 개꿈 털고 일어난다

나만 들을 수 있고 나만 멈출 수 있는 나만의 알람소리에 고마워하다 이제는 기쁠 때는 기쁘다는 알람을 슬플 때는 슬프다는 알람을 외로울 때는 외롭다는 당신의 알람을 들을 줄 아는 사람이 되겠다고 다짐하며 나선

아침

네가 나를 모르는데 난들 너를 알겠느냐~ 한 치 앞도 모두 몰라 다 안다면 재미없지~

버스정류장에서 울리는
누군가의 벨소리

간이역

저녁 빛이 무너지면
이 간이역에는 기다림이 멈추게 되고

나무의자에 걸터앉아 있던 기다림들은
어스름 속을 서성이다 철로 아래로 뛰어내린다

어떤 눈빛은 키 작은 소나무에 걸려
소소한 말들이 간이역 외등 불빛에 기대게 되고

나는 한 사람을 추스르느라 철길 옆을 서성이다
석양에 물린 추억이 채 아물기도 전에
스스로 어두워진다

기척 없는 기적소리가
되돌아서려는 나를 자꾸 잡아당겨

뫼비우스 띠 같은 인연 속으로 들어가
가볍게 야위어질 것이다

마지막 기차가
한 사람의 모퉁이를 오래 돌아나가고 있다

충전

한 할머니가 유모차를 밀며 가고 있어 슬쩍 들여다보니 몹시 마르고 어딘지 불편해 보이는 반려견 한 마리 보인다 산책을 나선 모양인데 반려견은 물기 마른 코를 연신 벌름거리고 할머니는 마치 손자라도 태운 듯 가뿐가뿐하다 할머니의 걸음도 약간 절룩였지만 그 걸음이 안단테보다 모데라토에 가까웠다 반려견이 유모차 밖으로 목을 내밀자 어디선가 다리 불편한 할머니가 늙은 강아지를 태우고 가네 라는 소리가 유모차 바퀴에 부딪쳐 같이 구른다 그러거나 말거나 할머니가 유모차를 열심히 밀고 간다

갓난아기를 태운 신형 유모차 하나 옆으로 빠르게 지나가고

뭘 까?

   동네 아는 형님 댁 김장을 하느라 친구와 함께 배추 겉껍질을 벗기고 무를 손질하느라 정신없는데 까마귀들이 머리 위로 날아와 끊임없이 *까아— 까아—* 운다

   말없이 일하던 형님이 갑자기 허리를 쭉 펴고 일어서더니 머리 위 까마귀를 보며 *쟤들은 아까부터 자꾸 뭘 까라는 거야 나는 이제 깔 것도 없는데* 한다

   순간 우리는 벗겨진 배춧잎보다 더 널브러졌고 형님은 무표정한 얼굴로 우릴 멀뚱멀뚱 쳐다본다

   수육 삶던 솥도
아까부터 픽— 픽— 웃었는데

순리順理

긴 휴가 마치고 출근해 보니
신입사원이 들어와 자리 배치를 다시 해서
내 자리가 복사기 옆으로 밀려나 있었다

오랜 직장생활 동안
여러 자리에 앉았었고 여러 자리로 이동했었다

마른자리에서 진자리로
주류에서 비주류로

입사 동기는 자연섭리라고 했고
나는 시원섭섭이라 했다

그러고 보면 나는 아버지의 아들이었다가
아들의 아버지였다가 그 아들의 아들에게 할애비가 되며
조금씩 자리를 바꾸어 왔다

나의 아버지도
여러 번 자리를 바꾸시더니
이제는 바꾸지 않아도 될 자리를 하나 떡하니 잡고 계신다

있어야 할 자리를 굳건히 지키다가

그 자리를 내어주듯

살면서 생활의 자리를 바꾸다가
생사의 자리를 바꾸는 게
순리다

구멍

　삼라만상에 구멍 아닌 것 없으니 문 뒤쪽에 뚫린 개구멍, 꽁꽁 언 얼음판 한쪽에 뚫린 숨구멍, 갓난아기 정수리에서 발딱발딱 뛰는 숫구멍

　그 구멍은 다른 구멍으로 가는 문이니 빈 듯 차있고 찬 듯 비어 있어 들여다볼수록 커진다

　우리는 구멍에서 나와 구멍을 메우며 살다 결국 구멍으로 들어가겠지만 구멍에 들어가 눕기 전까지는 뚫려 있어야지 막히면 끝장이다

　내 삶 구멍도 들여다보면 지난한 날들이 커 보이고 그 구멍을 메우던 지난함도 커 보여 거친 숨을 잠시 내뱉게 되니 이땐 구멍이 틈이 되기도 한다

　오늘도 나는 빈틈에서 나를 뻥! 뻥! 뚫고 있다

八字

골목 어귀 개 한 마리

앞발로 턱을 괴고 모로 누워 누런 배를 반쯤 드러내 놓고 게슴츠레한 눈을 이리저리 굴리고 있다 바닥과 처진 배가 맞닿은 곳으로 오후의 햇볕이 따갑게 내리쬐어도 미동조차 없다

개 팔자 상팔자네
누군가 지나가다 한마디 툭 던진다

모로 가도 서울만 가면 된다는 말에 출발한 生이 거진 끝나가는 지금 나는 삶의 바깥 근육만 키우느라 내 안에 맺힌 굳은살과 물집을 보며 이제라도 방바닥에 불 지피고 떨어지는 모가지를 한 팔로 괴고 늘어진 옆구리를 바닥에 대고 모로 눕고 싶어진다

저 개처럼
저 팔자처럼

예방

건달 농사꾼인 옆집 형님

구지뽕 나무를 밭둑에 심어놓고 애지중지 키우다 곧 수확할 요량에 요 며칠 아침저녁 매의 눈으로 지켜보았는데 구지뽕 열매를 누군가 몰래 따갔다는 것이다

CCTV가 없어 범인은 잡지 못하고 사라진 열매는 눈앞에 아른거려 다시는 손대지 못하도록 구지뽕 나무에 하얗게 밀가루를 뿌려놓고 붉은 고딕체로 표찰을 걸어두었단다

'오늘 농약 쳤음'

날아오르려는 것들에 대하여

날아오르기 위해서는 비워야 한다

나비는 고치에서 나와 첫 비행을 위해 뱃속 불순물을 다 쏟아낸다고 한다 나도 비워야 채울 수 있기에 채우기 위해 비운다 내게서 나를 비우고 나서야 들어설 수 있는 내가 보였다

모든 마지막은 처음 이전으로 돌아가기 위한 것이므로 마지막 비행을 무사히 끝내기 위해선 날아오르기 전에 꼭 땅을 짚어야 한다

오늘,
나는 나를 짚고 있다

유전자

　술 한 잔 얼큰해지면 걸걸한 입담으로 좌중을 압도하던 친구가 협심증으로 가슴에 스탠트 2개를 박고 정기검진 갔다가 심장병은 가족력을 아는 게 중요하다는 의사의 말에 조부모는 100세를 다 넘기시고 돌아가셨고 부모는 두 분 다 아흔 넘어 아직 살아계신다고 하니 의사가 웃으며 *유전자는 좋으시네요* 하자 친구는 빠르고 간결하게 *유전자는 좋은데 주전자를 너무 많이 들어서요* 라며 씨익 웃어주었다고 한다

　그 친구에겐 주전자가 유전자보다 더 가깝다는 걸 나도 알기에 나도 씨익 웃어 주었다

주름

길 건너
칼주름 바지를 입고 서 있는 사내
시쳇말로 나름 한때 주름 좀 잡았던 모습이다

그 사내에게서 아버지를 본다

평생 밖으로만 나돌며 바지 주름에 신경 쓰셨던 아버지
어머니는 매일 밤 다림질을 하셨다

숯다리미로 아버지의 바지 주름을 잡았고
아버지를 주름잡게 했다

어머니는 아버지의 바지 주름을 잡으며
아버지와의 날 선 주름마저 다림질했을까

펴졌을까?

눈물이 눈가 주름을 잡고
눈 흘김이 마음 주름을 잡았지만
어머니의 다림질은 멈추지 않았다

폼 잡고 서 있는 사내 앞으로
주름 가득한 노부부가 지나간다

관성의 법칙

 이른 저녁밥 먹고 충이와 누가 먼저랄 것도 없이 논으로 뛰어가 벼메뚜기를 잡아 강아지풀의 긴 줄기에 꿰기 시작했다 고소한 메뚜기 튀김 생각에 손은 한결 빨라졌고 그렇게 한참을 정신없이 잡다가 문득 손에 쥔 풀줄기를 보니 꿰어 있는 것이 메뚜기가 아니라 메뚜기 눈물 같았다 잠시 충이와 마주친 눈이 껌뻑거리는 동안 나는 손에 쥐고 있던 메뚜기 눈물을 놓고 있었다 산 중턱에 걸린 해가 눈물을 닦느라 서쪽 하늘은 온통 붉었고

땡그랑!

유성 장날

시장통 한 켠에 앉아 있는 한 사내가 양철 그릇을 놓고 *100원짜리 동전 하나만 던져주고 가세요* 한다 쉰 목소리가 지나는 사람의 귓전에 맴돌다 장터 바닥에 떨어져 뒹굴다 사람의 발에 차이고 밟히기도 한다 사내의 참선 같은 기다림이 끝나기도 전에 그 소리는 메아리로 돌아와 사내는 축 늘어진 오후 같은 그 소리를 주섬주섬 주워 다시 내뱉는다 *100원짜리 동전 하나만 던져주고 가세요* 저녁 해가 노을 속으로 미끄러지고 양철 그릇 속에는, 몇 개의 동전과 무관심한 눈빛들로 가득했다 사람에 떠밀리듯 지나친 내 안으로 사내의 목소리가 파고든다

100원짜리 동전 한 닢 붉은 노을 속에서 툭 떨어진다

땡그랑!

문득

가섭*의 미소 속 나비 따라 산길로 들어섰다 아무리 좇아가도 나비는 보이지 않고 팔랑이던 날갯짓만 남아 있다

나비를 찾아 주위를 맴돌았지만 내 발자국만 무수하고 어둑해서 찾아든 절 마당엔 떨어진 풍경風聲소리가 가득하다

저녁 범종 소리가 미소 저편의 나비를 찾아 서산 자락으로 넘어설 때 돌담 옆 풀벌레 울음소리 다급하고 나비 찾는 내 마음도 조급한데

한바탕 휘젓다 깨고 나면 나비도 날갯짓도 같다 했으니 건너편 언덕의 우담바라**는 곧 피어날까

꿈인가 꿈밖인가

문득,

* 염화미소, 이심전심이란 말과 연관된 부처님의 10대 제자 중 한 사람
** 불교 경전 속 부처님을 의미하는 상상의 꽃

3부

코리언 드림

검은 성이 우뚝 솟아 있고
성 아래로 비둘기들이 내려앉는다

성 주변에는
꿈을 좇아 기회의 땅으로 날아든
목숨 줄을 꼭 쥔 채 비상을 꿈꾸는 비둘기들이 즐비하고
하늘 한 조각 입에 문 비둘기들은 성으로 들어가 둥지를 틀었다

성스러울 것 없는 성 안은
날갯짓의 열기로 흥건하고 곳곳에 배인 땀 냄새가 진동하였다

박차고 오르던 비둘기들은
엉킨 실타래 같은 밥줄에 걸려 추락하기 일쑤였고
성벽에 끼인 바람만이 그 추락을 받아주었다

비둘기들이
물고 온 하늘 한 조각에 의지하여 다시 한번 날아 보지만
추락은 비둘기의 불행일 뿐
검은 성의 탓은 아니다*

\>
한 무리의 또 다른 비둘기들이
성 주위로 몰려든다

* 기형도 시 '안개' 에서 변주

추모공원에 한번 다녀와야겠다

이른 시간인데도 동네 병원엔 사람이 많았고 얼핏 봐도 유난히 허리가 굽은 백발의 할머니가 눈에 띄었다 검사를 마친 할머니를 부축하고 나온 반백의 남자가 접수대로 가서 뭔가를 묻더니 밖으로 나가자 할머니는 휘어진 걸음으로 접수대로 가 병원비에 대해 묻는다 직원이 웃으며 *아들이 부자잖아요* 라고 하자 할머니는 아니라는 듯 손을 저으며 *그래도 몇 만원은 나왔지요?* 라고 재차 묻는다 *걱정하지 마세요 할머니*라며 할머니를 자리로 안내했다 잠시 후 남자가 들어와 진료비를 계산하고는 할머니 손을 꼭 잡고 병원 문을 나선다

이번 주말에는 추모공원에 한번 다녀와야겠다

이모티콘

 처음 보는 놈 같은데 낯설지 않고 예전에 어디선가 한 번쯤 본 놈 같고 나하고 맞는 것 같기도 하고 아닌 것 같기도 하고 사람도 아닌 것이 사람보다 더 사람하고 잘 소통하고 내 속마음을 나보다 더 잘 전달하는 네 표정이 어떤 위로의 말보다 힘이 될 때도 있어 이상한 얼굴을 가졌지만 조금도 이상하지 않은 너를 모르면 꼰대 취급을 받게 될까 봐 너무 가까이하다가 내 말을 잃어버릴 수 있어 조금은 두려워지는 그러다가도 가끔씩 네가 없었으면 어쩌나 싶기도 한 네가 도대체 누군지 궁금했는데

 또 다른 나였구나

보시 布施

현충원을 참배하고 나오는데
봉안관 옆으로 긴 줄이 서 있다
국수 무료 나눔 봉사를 하고 있는 중이다

한 움큼의 국수에 밝은 미소를 고명으로 얹어주는
구암사* 나눔의 집 나마스테

나도 국수 한 그릇 받아 들고
막 참배를 마치고 온 듯한 중년 부부 옆자리에 앉았다

군에서 잃은 아들을 보러 매달 온다는 부부는
국수를 무척 좋아했던 아들 생각에
꼭 이곳을 들른다고 했다

부부의 그리움을 메워주듯 속을 메워주는 흰 면발들

푹푹 삶아 팍팍한 맘을 풀어주고 있는
삶은 국수 한 그릇

국수 가락처럼 이어지는
국수 가락보다 더 긴
보시

\>
관음의 손길이 머무는
나눔의 집 나마스테

* 대전 국립현충원에서 무료 급식 봉사를 하는 사찰

에덴의 동쪽

낙타를 타고 한 무리의 남자들이 여행 중이다

뜨거운 모래바람 위의 남자들
기대 반 근심 반을 미소의 야릇함 속에 감추고

이상한 나라의 엘리스* 에서
자기 몸을 마음대로 조절하는 엘리스처럼
미지의 세계로 여행 중이다

서가 모퉁이
낡은 책 속에 숨겨진 욕망에 이끌려
불규칙적인 심장 소리만 주워 담아 온
지금

앞장선 깃발 끝에 매달린 형형색색의 바람개비들은
바람결에 엇박자로 돌고
미모사 잎처럼 닫혀 있던 몸 구석구석의 근육들은
꿈틀거리며 성화다

쌍봉낙타의 등에 올라탄 남자들이 숨 가쁘게 모래언덕을 오르기도 하고
하프 연주에 맞춰 한 뼘 커지는 낙타의 갈기를 쓰다듬으며

신기루 속 오아시스를 찾기도 한다

여행을 끝마치고 낙타 등에서 내리는
남자들의 후들거리는 다리

가끔 뭇 사내들은
낙타 속눈썹 몇 가닥에 목숨을 걸기도 한다

* 영국 작가 루이스 캐럴의 소설

희생

봄빛 따라 산책을 나섰다가 아파트 담벼락 아래서 가지치기로 잘린 목련꽃 가지들을 보았다 서로를 끌어안고 포개져 있는 가지에는 작은 몽우리와 때 이른 봄날이 붙어있었다 그 모습이 공장 담벼락에 쪼그리고 앉아 있는 어린 여공 같기도 하고 전쟁터에 나온 앳된 병사 같기도 하였다 아직 온기가 남아 가쁜 숨을 쉬고 있는 여린 봄들이었다 남은 자들을 위해 아무런 저항 없이 잘려 나간 그들에게 미안해 산책을 멈추고 돌아왔다

관세음보살

  독실한 불교신자인 어머니가 *관세음보살 관세음보살 관세음보살……* 눈을 지그시 감고 염주 알을 돌리고 계신다

  염 소리는 어릴 적 여름날 밤엔 자장가로 들리더니 어느 날은 바람의 울음소리로 들리다가 또 어느 날은 새벽녘 정한수 앞에서 올리는 기도소리 같았다

  그렇게 어머니는 설악산 봉정암 오르며 길가의 돌탑에 돌을 얹듯 자신의 소망을 끌어올리느라 평생 신열을 앓았을 것이다

  오늘도 어머니는 천수천안千手千眼으로 고통을 구제해 주는 관세음보살이라도 되신 듯 부드럽지만 비장한 표정으로 *관세음보살 관세음보살 관세음보살……*

  어머니는 그렇게 한평생 관세음보살의 품을 벗어나지 않고 나는 어머니의 품을 벗어나지 못해

  나무 관세음보살

뜸

　문득 생각났다며 뜸했던 친구에게서 연락이 와 만나러 나갔다 집 근처 카페는 붐볐고 우리는 뻔한 이야기를 뻔하지 않은 말로 서로의 삶의 뜸을 확인하다가 가끔씩 보자는 말을 끝으로 헤어졌다 가끔씩 보자는 말이 뜸 들여가며 잊혀지자는 말 같아 돌아오는 길이 차가웠다 현관문을 열고 들어서자 밥 뜸 들이는 냄새가 났다 몸의 뜸은 혈을 돌게 하고 밥의 뜸은 입맛을 돌게 하지만 사람의 뜸은 정리의 시간인 듯하여 저녁 먹고 앉아 다이어리에 적힌 연락처를 하나씩 짚어가며 나를 뜸 들이는, 내가 뜸 들이는 이름에 줄을 긋는다

악!

  빙판길을 걸어가는데
  악! 소리와 쿵! 소리가 동시에 들렸다
  돌아보니 자전거 타고 가던 사람이 미끄러져 바닥에 내동댕이쳐지고
  자전거는 자빠져 헛바퀴만 돌고 있었다

  잠시 후
  아무렇지 않다는 듯 일어나 옷을 툭툭 털고는
  하늘 한번 쳐다보더니 다시 자전거를 타고 가는 사람

  그 순간
  지난 시절 한 사람에게 미끄러졌다가
  비명 한번 지르지 못하고
  멍든 맘으로 사람의 골목을 빠져나오던 기억이
  불쑥 떠올랐다

  좀 전의 비명소리를 들으며
  비명은 날 것의 비명이 비명답고
  지를 땐 큰 소리로 질러야
  제 맛이란 걸 알았다

악!

줄

평생 어깨에 전깃줄 메고 전봇대 오르던 아버지
폐암과 알츠하이머로 링거줄 달고 병원 침대에 누워 계신다

밤 깊어
병동에 희미한 불빛만 남으면
아버지는 머리를 위아래로 흔들며 몸에 달린 링거줄을
침대 난간에 묶었다 풀기를 반복한다

끝내지 못한 숙제라도 해야겠다는 듯
오늘과 내일을 연결이라도 해야겠다는 듯

아버지는 밤새 침대 난간과 링거줄을 잡고 용쓰셨고
나는 아버지의 고단을 챙기느라 용을 썼다

매일 밤
아버지는 줄에 발이 걸리고
나는 아버지의 엉클어진 기억에 걸려 버렸다

어쩌다 정신 줄 돌아오면
아버지는 병실의 흰 벽만큼이나 하얘진 얼굴로
쥐고 있던 줄 대신 내 손을 잡는다

＞
그제야 나도
아버지가 그렇게 놓지 못한 줄을
내가 한번 쥐어 본다

토吐

여덟 해나 같이 산 초롱이가 밥을 먹다가 갑자기 토한다 수의사 얘기가 목울대가 선천적으로 기형이라 지금까지 살아있는 게 다행이란다 초롱이는 먹은 것을 토하다가 숨 한 조각을 흘리기도 하는데 나는 지금껏 사람 말에 토 달다 허튼소리만 토해내 전생부터 이어진 연을 놓치기 일쑤였다 초롱이는 토할수록 더욱 초롱초롱해지고 나는 토할수록 막막해지니 때론 삼킬 줄도 알아야 한다 나는,

알 솎기

　포도알을 솎는다

　겹겹이 싸인 봉지 속 포도알을 보면
　위로 솟은 놈, 아래로 처진 놈, 혼자 떨어져 있는 놈, 사이에 꽉 끼인 놈들이 있어
　잘 영글도록 이들을 솎아주어야 한다

　그러면 알알의 알갱이들은
　밀려남 없이 서로를 꽉 부둥켜안고
　더위와 싸우다 서늘한 바람을 끌어안으며
　서서히 여물어 갈 것이다

　포도알을 솎으며
　나도 여러 해가 지나도록 가슴 한편에 끼인
　한 사람과의 시간을 솎아내고 있다

　더 이상 새순을 틔울 수 없는 가지들을
　함께 싹둑싹둑 잘라내듯

　솎아내야 할 것은 솎아내고
　잘라내야 할 것은 잘라내야
　잘 여문다

원기소*

나 충이다 알겠나?
충이, 어 알지 남충

40년 만에 걸려온 충이를 떠올리느라 급하게 유년의 기억들을 끄집어냈다 기억 속 억세었던 충이와는 달리 들려오는 목소리는 가늘고 부드러웠다

내 얼굴도 목소리도 가물거린다는 충이는 핸드폰에 대고 고향 동네며 옛 친구에 대한 얘기를 하다 대뜸

예전에 너거 집에 놀러 갔을 때 너거 엄마가 나에게 원기소 주는 거 나 아직도 기억난다 니도 기억나제, 그거 기억할 때마다 나는 눈물이 난다 아이가

충이의 기억 속에 남아있는 원기소 몇 알

충이 덕분에 색 바랜 흑백 사진 속 까맣고 앳된 얼굴들과 유년의 야윈 골목들과 어머니의 미소가 몇 알의 원기소를 따라 줄줄이 불려 나왔다

* 어린이 영양제 이름

쑥국

동네 형님이
오랜만에 만난 나를 보자마자
두 손 덥석 잡고 뒷산으로 쑥 뜯으러 가잔다

쑥은 지금이 제철이고
햇쑥은 더더욱 향도 진하고 맛도 일품이란다

막칼에 바구니 하나씩 옆구리에 끼고
뒷산을 오르는데 해맑게 얼굴 내민 풀과 꽃들이 눈인사를 한다

그대로가 봄날이다

무디디 무딘 손으로
햇쑥과 함께 웃자란 봄기운을
바구니에 한가득 담아 돌아왔다

뚝배기 안에서 끓고 있는 쑥국에서
어머니의 미소가 보인다

오랜만에 어머니를 뵈었다

4부

욕쟁이 할머니

순댓국밥집은 이미 안이 꽉 차있어 우리는 문 앞에서 기웃거리며 겸연쩍게 서 있는데 주인 할머니가 우릴 위아래로 한번 쓱 훑어보더니 *야이 잡놈들아 왜 거기 뻘쯤하게 서 있어 저쪽에 가 있어* 하신다 그러고는 이내 옆 테이블에 대고는 *술 그만 처마셔 너거한테 이제 소주 안 팔어 낮부터 간나들이 웬 술을 그렇게 처먹어* 하신다 순간 이게 뭐지 싶다가 주인 할머니가 내뱉는 욕에서 푹 우려낸 따순 마음 같은 구수함이 느껴졌다 이 진한 욕이 있는 한 이 식당은 주인 할머니가 왕이겠고 욕도 때론 정이 되겠구나 싶어 하는데

야이 잡놈들아 들어와……

가라루파*

캉갈 온천에는
발가락 사이에 붙은 각질을 먹어 치워
상처를 치유해 주는 가라루파가 산다

발바닥에서
더불어 살아온 지난 흔적을 없애고
새살을 돋게 하는 가라루파는 의사다

내가 너이기도 했고
네가 나이기도 했던 한때의 우리가
포옹 없는 포옹을 하다
네가 사랑을 벗기듯 나를 지워내
앨범 속에만 머무는 사람으로 기억이 바래질 때

나도 온전한 나로 거듭나길 바라며
마음속에서 너를 지운다

가라루파처럼
이별에 대한 의사처럼

* 트루키에 캉갈 온천에 사는 민물고기로 '닥터피쉬' 라는 애칭으로 불린다

회룡포* 연가

비룡산 자락 훑고 내려온 바람이
강물이 다독여 놓은 모래사장에 발 딛는 동안

도회를 돌다 돌아온 나는 마을 입구에서
손잡이 없는 시간에 몸을 기대고 있다

돌아나가는 물길처럼
내버려둬야 할 마음이 앞산에 닿아 있는 구름다리를 건너
뽕뽕 다리 위에서 심장을 통과한 몇 개의 추억이 울렁거렸다

삶이 우리를 속이거든**그때 외나무다리에서 만나자던
유빙 같은 약속은 수척해질 대로 수척해져

강가의 모래알들이 일어서려 부르르 몸을 털고
온기 남은 추억이 바람의 고삐를 잡고
빠르게 빠져나간다

네 살던 집에 다다른 내가
안부의 마지막을 묻듯 나지막하게 네 이름을 불러봐도
너는 이 물길처럼 삶을 휘돌아 가고 있겠지만

\>
그리움의 바늘귀를 통과한 나는
몇 개의 바람을 포개놓고 그 위에 잠시 머무르려 한다

* 경상북도 예천에 있는 관광지
** 푸시킨 시 '삶이 그대를 속일지라도'에서 변주

가방끈

　아버지의 치매 검사를 위해
　은빛사랑 병원엘 갔다

　의사가 이것저것 물으면
　아버지는 천천히 답하시다가 유독 숫자에 빠른 반응을 보였다

　어르신, 예전에 선생님이나 고위직 공무원을 하셨나 봐요? 라고 의사가 묻자
　아버지는 단호하게 *아닙니다 제가 가방끈이 짧습니다* 하신다

　순간 당황한 의사를 보며 내가 급히 끼어들어
　예전에 전기공사 사업을 오래 하셨다고 말했다

　의사는 상기된 눈으로 아버지와 나를 번갈아 보았고
　아버진 가방끈은 가방끈일 뿐이라는 듯 무심히 의사를 쳐다보았다

　옷걸이에 걸린 의사의 가방이 보였다

역지사지 易地思之

  한 손엔 담배를 또 한 손엔 검은 비닐봉지를 든 할아버지와 노란 조화를 든 할머니가 추모 공원의 작은 평판 앞에 서 있다

  할아버지가 비닐봉지를 내려놓으며 길게 담배 연기를 내뿜자 할머니가 과일과 소주를 꺼내 평판 위에 올려놓는다

  이 자식아 이 자식아 소주 한 잔 받아라 할아버지의 목소리가 평판을 두드리고 *야이야 많이 묵으라 담배도 한 대 피워라* 할머니의 목소리가 평판을 문지를 때

  까마귀 한 마리 다급하게 나무 아래 위를 오르내리며 둥지에서 떨어진 새끼를 찾아 *까아악 까아악* 운다

  올라올 때보다 더 느리게 언덕을 내려가고 있는 노부부

  꽂아놓은 담배는 아직 타들어 가고

석송령*

그대가 벌린 두 팔
위로는 푸름이 한없고 아래로는 그늘이 넓어
사람들이 고갤 숙이고 들락날락하게 만드는

무심한 미소를 띤 그대를 바라보다
건장한 근육 같은 몸통을 끌어안다
내가 그만 부끄러워지는

세월의 까마득한 후손인 이수목을 아비로 두고
예천군 토지대장에 등재된
석송령

베풂의 넉넉함이
마을 건너 인근 학교까지 다다랐으니
사내중의 사내라는 생각에
또다시 부끄러워지는

정월 대보름
마을 사람들과 어울려 춤추고 노래하다
막걸리 한 사발 쭉 들이키고는 석평의 한해를 지키는

석송령

〉
매년 나보다 더 많은 재산세를 내고 있으니
배불러도 되는 사내

오늘도 사는 노릇 제대로 하겠다고
긴 그림자가 장학금 들고 학교로 향하는 듯하고
세월도 그 뒤를 졸졸 따라가는 듯하여
한없이 내가 부끄러워지는

* 경상북도 예천에 있는 세금 내는 나무

동안거

　겹방석 깔고 앉아 눈감으니 동짓달 한기가 시원하고 가부좌로 면벽 선정에 드니 허리춤으로 흐르는 소백산 물줄기가 결제 법문을 씻어 내고 어깨를 내리치는 죽비소리에 선방 밖 소나무 가지들 일제히 쌓인 눈 털어내는데

　마음 안은 탈과 속이 함께여서 부처와 조사祖師는 모른 척하고 받아든 발우엔 탐진치 가득하고 날 선 선방엔 미혹이 넘쳐 마음이 한마음에 들지 못하다 법당 앞 석등에 숨어들 때 주지 스님의 해제 법문 소리가 에밀레종 소리 되어 허공에 날린다

　선방 처마 끝 풍경風磬의 흔들림마저 달마 같은데
　끝내도 끝난 것 같지 않은,

골타기

  타고난 농사꾼 친한 형님이 겨울 동안 꽁꽁 언 땅을 관리기로 골을 타고 있다 젊은 날 맑은 눈빛 말고는 가진 것 없던 형님은 꽁꽁 언 형수의 마음에 골을 타서 2남 2녀를 둔 경험이 있기에 등이 흠뻑 젖도록 투박한 손으로 땅의 지퍼를 부드럽게 여는 건 일도 아니라고 했다

봉덕동*

봉덕동에는
낡은 앨범 속 길들이 아직 남아있어
찾아온 길모퉁이에서 한때의 나를 매만진다

호기심 가득한 눈으로
그때 뛰놀던 심장으로 다가가
골목이 낯익다 싶어 아는 체하니 골목은 나를 이방인 취급한다

담장 밖을 넘어 늘어진 포도송이나
뒷집 할아버지의 쇳소리 나는 헛기침 소리나
'개 조심' '영수 바보' 같은 담벼락의 낙서를 볼 순 없지만

웅성거리는 추억들이
신기루처럼 어렴풋하게 모여드는 봉덕동

먼 훗날
나처럼 이곳을 찾아올
한 무리의 아이들이 뛰어가고 있는데
나는 카메라를 두고 와 그들을 찍어줄 수가 없었다

* 대구광역시 남구 봉덕동

빨랫줄

옥상 빨랫줄에 걸린 옷들이
햇볕과 바람에 마르며 시절인연을 터는 중이다

손때 묻은 와이셔츠나
한 사람을 감싸 안은 채 어둠을 묻히고 돌아다닌 재킷이나

안간힘이었을 시절인연을 줄에 탁 걸치고
고해성사 중이다

마음에 일렁였던 사람의 온기는 바람에 식고
옷에 스친 인연은 메마르고 있다

어제의 인연을 털어낸 옷은
보송보송한 본래의 모습으로 돌아가고자
목하 수행 중이다

나도 빨랫줄 같은 침묵에 가끔 나를 걸어보지만
잘 마르지 않는다

몰염치

마당에 날아든 참새를 잡겠다고
소쿠리 안에 곡식 낱알을 뿌려놓고 덫을 놓았다

방안에서 소쿠리와 연결된 줄을 잡고
참새가 날아들 때마다 문틈으로 내다보며 줄을 당길 기회를 엿보았지만

참새는 소쿠리 안으로 들지 않고 주변만 맴돌아
긴장감만 팽팽해지는 한낮

참새가 염치뿐 아니라
눈치도 빠르다는 걸 아는 데 오래 걸리진 않았다

빈손을 염치없이 내미는 일에 길들여진 내가
몰염치인지 모몰염치冒沒廉恥인지

덫에 걸린 내가 팽팽해진다
염치없이

닮은꼴

달포 전
시골집 처마 밑 한 귀퉁이에
제비가 둥지를 틀었다

열흘 전부터는
제비 한 쌍이 입에 뭔가를 물고
부지런히 둥지를 들락거렸다

제비의 바쁜 날갯짓이
삐걱거리는 고재古材 문짝 정짓간*을
분주하게 들락거리시던
어머니의 발걸음과
많이 닮았다

* 경상도 사투리로 부엌을 뜻함

거인

아버지 자전거 타고 집으로 돌아오신다
왼쪽 오른쪽 기우뚱해도 선명한 바퀴 자국 남기며 돌아오신다

바퀴 자국마다 쓰러지지 않기 위해 뱉어낸 긴 숨들이
서설瑞雪처럼 묻어 있다

불사조인 줄만 알았던 아버지
비틀거림에 끼인 채 아슬아슬한 안장 위에서
가쁜 숨 고르며 돌아오신다

진창길 지나 언덕길 지나
오늘을 키우신 아버지

굽은 등을 타고 오르던 햇살도 저녁놀 속에 몸을 누이는데
흔들림에도 오히려 웃으시며 돌아오신다

아버지
거인처럼

그런 줄 알았다는 듯

휘어진 지팡이 같은 노인이
차들이 제법 다니는 도로가에 서 있다가
난파선에 올라탄 사람처럼 도로를 횡단하기 시작한다

라이트를 켠 차들이 노인을 향해 질주하였고
도로 중앙에 멈춰 선 노인은
섬이 되었다가
붉은 노을이 되었다가
마침내 중앙분리대가 되었다

노인은
*내가 먼저지*라고 중얼거리며
스치듯 지나치는 차들을 노려보았지만
차들은 아랑곳 않다가
앞 신호등이 바뀌어 멈춰 서자
그제야 덜컹거리는 걸음으로 길을 건넌다
길을 건너서도 연신 되돌아본다

세상이 그런 줄 알았다는 듯

해설

타자를 환대하여
나를 풍요롭게 하는 시편들

이형권 문학평론가, 충남대 교수

타자를 환대하여 나를 풍요롭게 하는 시편들

이형권 문학평론가, 충남대 교수

> 내 삶의 몸살에/ 나를 끌고 갈 고래 심줄 같은 게 내게도 있었으면 싶었다// 심줄은 질겨야 제 맛이니/ 아주 질기고 질긴
> ―「심줄」에서

1. 시적 모티브로서의 타자

이 시집을 열면, 작고 초라하고 소외된 존재가 보여주는 다양한 표정들이 파노라마처럼 펼쳐진다. 곰탕집에서 식사하는 노부부, 몸뻬 바지 입고 마늘 심는 할머니, 리어카를 끌고 가는 노인, 맨발로 산책하는 사람, 주방에서 설거지하는 아내, 막걸리 잔을 기울이는 과객, 두부를 만드는 이웃집 형수, 강아지 유모차를 끌고 가는 노인, 언덕을 내려가는 노부부, 김장을 하는 사람들, 골목 어귀에 누워있는 개, 농사짓는 옆집 형님, 술 주전자를 끼고 사는 친구, 시장통에서 구걸하는 사내, 링거줄을 달고 투병하는 아버지, 부처님께 기도하

는 어머니, 원기소를 함께 먹던 친구, 순댓집 욕쟁이 할머니, 시골에서 메뚜기를 잡는 아이, 코리안 드림을 꿈꾸는 국외자, 도로를 횡단하는 노인, 병원에서 서성이는 백발의 할머니, 사랑을 잃어버린 나 등의 모습이 등장한다. 이들의 공통점은 주변인 혹은 타자라는 점이다.

    타자The Other의 발견은 현대시가 개척한 소중한 영역이라고 할 수 있다. 타자는 현실에 존재하는 나 이외의 모든 존재, 즉 타인, 사회적 소수자, 여성, 자연, 내적 자아 등을 함의한다. 시인이 이들에게 관심을 두는 이유는 주체의 영역에 갇혀 버린 나를 확장하여 더욱 풍요로운 나를 완성하기 위한 것이다. 시인은 타자를 의식하고 받아들이는 과정에서 자기성찰과 더불어 자아와 타자의 유사성을 탐색하면서 인생을 보는 눈을 확장한다. 이러한 타자를 노래하는 시는 주변의 존재, 나와 다른 것을 배척하거나 부정하지 않는다. 오히려 그러한 존재들을 배제하려는 폭력적 동일성의 논리를 비판하면서 타자의 목소리와 경험을 시에 적극적으로 도입한다. 그리하여 타자의 시는 일차적으로 타자의 고통과 존재론적 불안에 따뜻한 시선을 보낸다. 그 시선에 담기는 시심은 연민이나 공감의 마음을 바탕으로 한 환대의 윤리이다.

    김길중 시인은 타자를 환대하는 품 넓은 언어를 지닌 사람이다. 마음 깊은 곳에서 우러나오는 연민과 공감을 통해 작고 초라한 존재와의 정서적 동일성을 추구한다. 언뜻 보면 그냥 스쳐 지나갈 만한 것들, 아무런 의미가 없는 듯한 것들에서 유의미한 시적 상상을 이끌어낸다. 그 언어는 단단한 듯 부드럽거나 부드러운 듯 단단한데,「두부」는 그의 언어가 지닌 그러한 속성을 상징적으로 드러내 준다.

두부는 물러 보여도 깡이 있다

갈리고 삶기고 무거운 돌에 눌려 만들어진 두부는
다시 칼에 베이고 뜨거운 물에 끓여지기도 하니 그럴 만도 하다

두부 같은 이웃집 형수는
두부를 잘 만드는 선수다

어려서부터
이리저리 치여서 그런지
물러 보이지만 깡이 있는 형수는
해마다 수확한 콩으로 두부를 만들어
이웃에게 나눠 준다
—「두부」 부분

이 시는 일상에서 흔히 접하는 "두부"를 소재로 삼았다. 시인은 희멀건 콩물이 "갈리고 삶기고 무거운 돌에 눌려"서 단단한 "두부"로 변화는 과정을 "이웃집 형수"의 삶에 비유하고 있다. "이리저리 치여서 그런지/ 물러 보이지만 깡이 있는 형수"의 생애와 "두부"가 만들어지는 과정이 다르지 않다고 본다. 또한 "두부를 만들어/ 이웃에게 나눠 준다"라는 이타적 삶의 자세는, "두부"가 인간의 건강을 위해 봉사하는 역할과 다르지 않다고 본다. 무른 듯 단단한, 부드러운 듯 탄력 있는 "두부"의 속성을 매개로 온갖 시련을 극복하고 이타적으로 살아가는 한 인생을 노래한 것이다. 평범한 일상에서

시상을 끌어올리는 이러한 방식은, 김길중 시에 빈도 높게 나타나는 창작 메커니즘이다. 그리하여 부드러운 듯 단단한 "두부"의 모습은 김길중 시인의 시가 지닌 언어의 "깡"과도 상통한다고 말할 수 있다.

2. 타자들을 환대하는 따뜻한 언어들

1) 주변인들을 위한 연민과 공감

김길중 시인이 눈길을 주는 대상은 세상의 주류에서 소외된 주변인들이다. 사회적으로 크게 성공한 사람이나 화려한 도시의 세련된 인물이 아니다. 삶에 대한 뜨거운 열정을 지닌 청춘도 아니다. 작고 초라하거나, 늙고 가난한 존재이다. 시인이 이러한 주변인들에 주목하는 이유는 무엇인가? 그것은 그들에 대한 단순한 동정이나 연민을 위한 것이 아니라, 그들이 인간의 현실을 새롭게 해석하고 확장하는 창조적 동인으로 작용하기 때문이다. 한 인간이 중심이 아닌 곳에서의 경험과 감정은 기존의 질서나 가치관에 질문을 던진다. 그 질문은 삶과 세상에 대한 새로운 의미를 생성하는 시적 계기가 되는 것이다. 이것이 바로 김길중 시인이 그들을 시의 중심으로 끌어들여 따뜻하게 환대하는 이유이다.

점심때 지나
노부부가 곰탕집으로 들어선다

할아버지가
햇살 드는 창가 쪽 테이블로 가더니
의자를 빼주자 할머니가 당연하다는 듯 앉는다

김이 모락모락 나는 곰탕이 나오고
할아버지는 곰탕을 뜨면서도 연신 할머니를 바라본다

먼저 수저를 놓은 할아버지가
할머니의 곰탕 뚝배기를 두 손으로 기울이자
이번에도 당연하다는 듯 할머니는 마지막 국물까지 퍼
드신다

할아버지가 평생 받아온 기울임을
이제 되돌려 주는 모양이다

곰탕 그릇을 깨끗이 비우고
노부부가 손잡고 곰탕집을 나간다

사람 人字다
―「人」전문

 이 시의 주인공인 "노부부"는 연령이나 계층으로 볼 때 변두리의 존재이다. 때 늦은 점심 식사를 위해 "곰탕집"에 들어서는 모습은 "노부부"의 그러한 위상을 암시해 준다. 하지만 이들이 연출하는 풍경은 포근하고 따뜻하다. 우선 식사를 위한 장소인 "햇빛이 잘 드는 창가 쪽 테이블"이 그렇다. "할머니"를 위해 "의자를 빼" 주는 "할아버지"의 행동도 그러한 풍경과 잘 어우러진다. "할머니"가 "당연하다는 듯 앉는다"라는 것은 그러한 행동이 오랫동안 이어온 배려의 습관임을 알 수 있다. "김이 모락모락 나는 곰탕"이 나오고 "연신 할머니를 바라보"는 "할아버지"의 행동도 포근하고 아름답다. 더욱이 "할머니"가 "마지막 국물까지 퍼 드시"도록 "곰탕 뚝배기를 두 손으로 기울이"는 "할아버지"의 모습은 배려과 사랑의 극치를 보여준다. 거룩한 성사와도 같은 점심 식사 후 "노부부가 손잡고 곰탕집을 나"서는 모습은 평화롭고 아름답다. 시인이 이러한 모습을 보고 "사람 人 字다"라고 한 것은 "노부부"의 모습에서 인간의 본질적 속성을 발견한 것이다. "人"이라는 한자가 인간과 인간이 서로를 지탱하는 형상에서 왔듯이, 인간은 서로를 배려하면서 더불어 살아갈 때 아름답다는 점을 강조한 것이다. 이 따뜻하고 아름다운, 그리고 의미심장한 시적 풍경을 만든 시인의 연출 솜씨가 범상치 않다.

　노부부의 일상에서 함께 살아가는 삶의 지혜를 발견한 시인은, 이제 우리 사회의 변두리에서 살아가는 가난한 노인으로 시선을 옮긴다. 이 시선에는 가난하고 고달픈 삶을 살아가는 노인을 향한 연민의 마음이 담겨 있다.

　　벙거지 모자를 푹 눌러쓴 노인이
　　생의 마지막 자존심처럼 접혀진 박스를 차곡차곡 펴
　　리어카에 싣고 언덕을 오른다

숨을 몰아쉬는 리어카의 굵은 바퀴 자국이
노인의 이마에 패인 주름살처럼 깊다

도심 뒷골목의 분주함이
가난한 슬픔으로 조각조각 부서져
그 가난을 주우려 온종일 두 바퀴에 매달려 가는 노인

리어카가 무거워지면 마음이 가벼워지고
리어카가 가벼워지면 마음이 무거워지는

저녁때가 한참 지난 시간
어두컴컴한 골목에서 어둠보다 더 짙은 어둠이 웅크리고 앉아
컵라면에 물을 붓는다

리어카에는
호된 오늘이 착착 접혀 실려 있고
노인은 컵라면의 마지막 국물을 들이켜고 있다
―「컵라면」전문

  이 시에 등장하는 "노인"은 종이 "박스"를 모아 생활하고 있다. "박스"를 실은 "리어카"를 끌고 "언덕을 오르"는 "노인"의 모습은 현재 그가 처한 생활이 얼마나 곤궁한지를 암시해 준다. 또한, 짐을 실은 "리어카의 굵은 바퀴 자국"을 "노인의 이마에 패인 주름살"에 비유한 것은, "노인"이 처한 그러한 상황을 자연스럽고도 참신하게 드러내 준다. 무거운

"리어카"를 끌면서, 그 힘겨움에 온갖 인상을 찌푸릴 때마다 "리어커의 굵은 바퀴 자국"처럼 굴곡진 "주름살"이 잡히는 얼굴을 연상한 것이다. 이 "노인"은 아마도 자식들 기르느라 노후 준비를 전혀 하지 못했을 터이다. 자식을 위한 희생 이후에 남은 고독과 가난은 온전히 노인 혼자만의 몫이 되었다. 그리하여 "리어카가 무거워지면 마음이 가벼워지고" 반대로 "리어카가 가벼워지면 마음이 무거워지는" 삶을 살 수밖에 없다. "저녁때가 한참 지난 시간"이 되어서 "컵라면"으로 끼니를 때우는 "노인"은 작고 초라하다. 시인은 이처럼 "어둠보다 더 짙은 어둠"처럼 "웅크리고 앉아"서 "컵라면"을 먹고 있는 "노인"에게 연민과 공감의 시선을 보낸다. 그 시선은 "노인"의 피곤한 몸을 녹여주는 "컵라면" 국물보다 따뜻하다.

노인의 소외는 물질적인 데서만 오는 것이 아니다. 인간관계에서의 소외 역시 노인의 삶을 피폐하게 만든다. 인간은 늙어가면서 세상의 중심에서 멀어지면서 다른 사람과의 관계에서도 소외된다. 인간은 본래 "뫼비우스 띠 같은 인연 속으로 들어가/ 가볍게 야위어지"(「간이역」)는 존재이다. 시인이 이런 현상에 주목하는 이유는 인간 존재의 본질을 회복하고 진정한 관계의 가능성을 모색하기 위한 것이다.

한 할머니가 유모차를 밀며 가고 있어 슬쩍 들여다보니
몹시 마르고 어딘지 불편해 보이는 반려견 한 마리 보인다
산책을 나선 모양인데 반려견은 물기 마른 코를 연신 벌름
거리고 할머니는 마치 손자라도 태운 듯 가뿐가뿐하다 할
머니의 걸음도 약간 절룩였지만 그 걸음이 안단테보다 모데

라토에 가까웠다 반려견이 유모차 밖으로 목을 내밀자 어디
선가 다리 불편한 할머니가 늙은 강아지를 태우고 가네 라
는 소리가 유모차 바퀴에 부딪쳐 같이 구른다 그러거나 말
거나 할머니가 유모차를 열심히 밀고 간다

갓난아기를 태운 신형 유모차 하나 옆으로 빠르게 지나
가고
—「충전」전문

이 시의 "할머니"는 "반려견"을 "유모차"에 싣고 "산책"하
고 있다. "반려견"은 마치 늙은 "할머니"의 모습과 흡사하다.
"할머니"는 "약간 절룩"거리는 걸음걸이로 걷고 있고, "유모
차" 안에는 "몹시 마르고 어딘지 불편해 보이는 반려견"이 있
다. 그런데 "할머니는 마치 손자라도 태운 듯 가뿐가뿐하다".
주변 사람들이 "다리 불편한 할머니가 늙은 강아지를 태우고
가네"라고 비아냥거려도 아랑곳하지 않는다. "그러거나 말
거나 유모차를 열심히 밀고 간다". 시인은 이 광경에 대해 어
떠한 논평도 하지 않는다. 그저 "할머니"의 "유모차" 곁을 스
쳐 지나가는 "갓난아기를 태운 신형 유모차"만을 제시한다.
이는 "할머니"에게는 "늙은 강아지"가 "갓난아기"와 다르지
않은 존재라는 점을 암시해 준다. 인간 관계에서 소외된 "할
머니"에겐 "늙은 강아지"가 인간 이상의 존재이다. 그리하여
"할머니"는 "늙은 강아지"를 연민하고, 시인은 "할머니"를 연
민의 시선으로 응시하는 것이다. 인간과 동물을 넘나드는 따
뜻한 연민이 주변적 존재들의 공허한 마음을 "충전"해 주고
있는 광경이다.

연민Compassion은 타인의 고통이나 자신의 고통에 민감하게 반응하면서 그 고통을 덜어주고자 하는 마음이다. 심리학적으로도 연민은 단순한 동정Sympathy과 구별되는 타자에 대한 적극적인 수용 태도를 의미한다. 가령, "군에서 잃은 아들을 보러 매달 온다는 부부"를 위해 "국수 가락보다 더 긴/ 보시"(『보시』)를 하는 봉사자의 마음과 다르지 않으며, "주인 할머니가 내뱉는 욕에서 푹 우려낸 따순 마음 같은 구수함이 느껴졌다 이 진한 욕이 있는 한 이 식당은 주인 할머니가 왕이겠고 욕도 때론 정이 되겠구나"(『욕쟁이 할머니』)라고 할 때의 "할머니"의 마음도 비슷하다. "오늘밤 당신에게 막걸리 한 잔 따르고 싶"(『삼강주막』)은 마음도 마찬가지다. 이 시집에 자주 등장하는 이러한 연민의 마음은 공감과 동일시의 시심을 실천하는 일과 맞닿는다고 할 수 있다. 이렇듯 김길중의 시는 세상의 주류에서 소외된 존재들을 위한 따뜻한 연민과 공감을 통해 이기적이고 삭막한 현대 사회에 따뜻한 온기를 불어넣어 주는 역할을 한다.

2) 내 안의 또 다른 나를 찾아서

시가 선사해 주는 소중한 것들 가운데 하나는 나의 내면을 깊숙이 들여다보는 성찰의 기능이다. 나의 내면에 존재하는 자아는 현실적 자아와 구분되는 것으로서 무의식이나 내면의식에 관계 깊다. 성찰은 이러한 내적 자아를 돌아보는 일이다. 나 자신이 살아온 과정을 반성하면서 더 나은 나를 향해 나아가기 위한 마음의 디딤돌 구실을 한다. 성찰은 과거의 체험을 현재의 실재와 융합하고 화해시키는 상상력의 작용에서 비롯된다. 시에서 이러한 성찰은 체험의 단순한 반추가 아니라, 미래지향적 존재로서의 자아를 탐구하는 창조적 기능을 하는 것이다. 그것은 "버스에서 내려 집으로 돌아오는 동안 정상과/ 비정상에 대한 생각이 나를 나무랬다/ 나는 지극히 정상적인가?"(『부끄러움』)라는 나에 대한 근원적인 질문과 맞닿는다. 김길중의 시에는 이렇듯 타인에 대한 편견과 자아의 부끄러움, 그리고 새로운 자아를 탐색하기 위한 성찰이 두루 담겨 있다.

    묶여있던 시간이 풀려
    세월의 외곽을 뚫고 나온 것처럼
    고집스러워 보이는 나무뿌리에 걸려 넘어졌다

    뿌리는
    어릴 적 본 아버지 팔뚝의 힘줄 같고
    시장통 노파의 손등에 불거진 검붉은 핏줄 같다

    생의 언저리에서
    구불구불해진 뿌리에 걸려 넘어졌으니
    그 질김을 탓할 일은 아니다

    땅을 뚫고 나와
    무뚝뚝하게 뻗어나간 것이
    나무를 끌고 가는 그만의 고집스런 줏대 같아

  내 삶의 몸살에
  나를 끌고 갈 고래 심줄 같은 게 내게도 있었으면 싶었다

  심줄은 질겨야 제 맛이니
  아주 질기고 질긴
  ―「심줄」 전문

 이 시는 지상에 노출된 "나무뿌리에 걸려 넘어졌던" 경험을 모티브로 삼고 있다. 시인은 "나무뿌리"를 "묶여있던 시간이 풀려/ 세월의 외곽을 뚫고 나온 것"이라고 비유한다. 이 비유는 시인이 지나온 삶의 도드라진 기억들을 떠올리는 역할을 한다. 즉 "나무뿌리"에서 "어릴 적 본 아버지 팔뚝의 힘줄", "시장통 노파의 손등"의 "검붉은 핏줄"을 연상하고 있다. 이 "힘줄"과 "핏줄"의 공통점은 어떠한 시련에도 흔들리지 않는 강인한 의지와 생명력을 상징한다. 즉 열악한 환경 속에서도 가족들을 헌신적으로 돌보면서 한평생을 살았던 "아버지"의 삶을 표상하는 것이다. 그래서 시인은 "나무뿌리"가 마치 "나무를 끌고 가는 그만의 고집스런 줏대 같"다고 생각한다. "나무"같이 안정적인 가족의 삶은 "나무뿌리"를 닮은 "아버지" 혹은 "시장통 노파"의 굳건한 의지(「줏대」)가 있었기에 가능했다는 것이다. 이 부분에서 시인은 "내 삶"을 생각한다. 항상 "나를 끌고 갈 고래 심줄 같은 게 내게도 있었으면" 하고 소망했던 기억을 떠올리고 있다. 이 회상 속에는 그동안 자기 소신을 또렷하게 내세우지 못하고 우유부단하게 살아온 데 대한 성찰이 담겨 있다. 그래서 시인은 "아주 질기고 질긴" 마음의 "심줄"을 소망하는 것이다.

그런데, 인간이면 누구나 자신의 허물을 극복하고자 하는 소망을 간직하고 산다. 허물은 인간이 살아가면서 피할 수 없는 한계, 상처, 실수, 결핍을 뜻한다. 시인은 이러한 허물을 숨기거나 부정하지 않고, 오히려 그것을 직시함으로써 자신의 존재와 세계를 성찰하는 계기로 삼는다. 시인이 그 허물을 극복하는 방식은 자신의 삶에 대한 역설적 인식이다.

    삼라만상에 구멍 아닌 것 없으니 문 뒤쪽에 뚫린 개구멍, 꽁꽁 언 얼음판 한쪽에 뚫린 숨구멍, 갓난아기 정수리에서 발딱발딱 뛰는 숫구멍

    그 구멍은 다른 구멍으로 가는 문이니 빈 듯 차 있고 찬 듯 비어 있어 들여다볼수록 커진다

    우리는 구멍에서 나와 구멍을 메우며 살다 결국 구멍으로 들어가겠지만 구멍에 들어가 눕기 전까지는 뚫려 있어야지 막히면 끝장이다

    내 삶 구멍도 들여다보면 지난한 날들이 커 보이고 그 구멍을 메우던 지난함도 커 보여 거친 숨을 잠시 내뱉게 되니 이땐 구멍이 틈이 되기도 한다

    오늘도 나는 빈틈에서 나를 뻥! 뻥! 뚫고 있다
    ―「구멍」 전문

이 시의 "구멍"은 양가적 의미를 지닌다. 구멍은 우선 삶의

"빈틈"으로서 온전한 삶을 위해서는 반드시 메꾸어야 할 허술한 구석이다. 인간은 불완전한 존재, 유한적인 존재이기 때문에 허술한 구석을 메꾸면서 부단히 갱신해야 한다. 그런데, 이러한 "구멍"은 달리 생각하면 삶의 어떤 근원과 맞닿아 있어서, "삼라만상에 구멍 아닌 것 없"기에 인간도 곧 "구멍"이라고 말할 수 있다. "개구멍"은 "개"에게는 소통의 "구멍"이고, "얼음판"의 "숨구멍"은 물고기의 호흡을 돕는 "구멍"이다. 또한 "갓난아기 정수리"의 "숫구멍"은 살아 있음을 증명하는 "구멍"이다. 그런데, 그것은 무덤이라는 "구멍에 드러눕기 전까지는 뚫려 있어야" 한다. "구멍"은 죽음의 상징이자 생명의 상징이다. 이때 "구멍"은 인간의 허물이지만, 그것은 역설적으로 한 생명이 새로운 세상으로 나아가는 개벽의 문 혹은 자궁문의 역할을 한다.

이 시에서 "구멍"의 중요한 역할은 "나"를 성찰하는 매개이다. 시인은 "내 삶의 구멍도 들여다보면"서 "구멍을 메우던 지난함"을 떠올려보고 있다. 비록 "나"는 자기의 삶에 허술한 것이 많지만, 그것이 "거친 숨을 잠시 내뱉게 되"는 역할을 했다고 생각한다. 각박했던 삶의 과정에서 "구멍"이 일종의 쉼표 역할을 했던 시기를 떠올려보는 것이다. 이때 "구멍"을 자신의 콤플렉스 혹은 약점이라고 보면, 그것이 오히려 삶을 더 열성으로 살게 하는 에너지 역할을 하기도 한다. 어느 순간 실패로 인한 삶의 "구멍"이 때로는 큰 성공의 밑거름이 되기도 한다. "구멍이 틈"이 된다는 말은 이런 뜻이다. 이때 "틈"은 새싹이 돋아나오는 비옥한 흙의 틈새와도 같은 것이다. 무릇 지혜로운 사람은 자신의 허술한 "구멍"을 발전의 계기로 삼지만, 그렇지 못한 사람은 퇴행의 바탕으로 삼는다. 이 시로 미루어볼 때 "나"는 혹은 김길중 시인은 전자에 해당하는 지혜를 소유한 사람이다.

  인간이 살아가면서 후회되는 일 가운데는 다른 사람과의 엇나간 인간관계와 관련된 것도 큰 비중을 차지한다. 시는 인간과 인간 사이의 상호 관계, 정서적 교류, 공동체적 연대, 그리고 그 안에서 발생하는 사랑과 슬픔, 고독, 화해, 후회 등의 다양한 감정을 탐구한다.

    맨발로 산을 오르다 산중턱에 걸터앉자 나뭇잎들이 손 인사를 건넨다 신발을 신고 오를 땐 새소리 하나 들리지 않더니 지금은 새 울음소리 들리고 꽃들의 함박웃음 보이고 한 세월 털고 누운 낙엽들이 몸 추스르며 건네는 마지막 인사도 받는다 맘 기울이니 산길이 온몸으로 말하는 것도 느껴진다 늘 조용한 줄만 알았던 이 산길이 즐겁게 요동치고 텅 빈 줄만 알았는데 꽉 차 있다 신발을 신고 걸을 때는 길만 보였는데 맨발로 걸으니 산이 보인다

    그때 그 사람에게도 맨발이었더라면,
    —「맨발」전문

  이 시는 "맨발로 산에 오르다"면서 느낀 감회를 노래한다. 이때 "맨발"은 세속의 욕망과 인위적인 것을 버리고 정직하고 순수한 마음의 자세를 표상한다. 그래서 "맨발"로 걷는 일은 단순히 신발을 벗고 걷는 행위 이상의 의미를 지닌다. 그것은 자연과의 직접적인 접촉을 통해 몸과 마음, 그리고 삶의 본질적 가치를 깨닫는 행동이다. 건강을 위한 행동이자

생태적 삶을 실천하는 행위일 뿐만 아니라 인문적 차원의 존재론적 깨달음에 이르는 길이다. 이때 느끼는 천지인天地人 일체감은 인간이 자연의 일부라는 사실을 온몸으로 체험하게 한다. "맨발"의 이러한 속성은, 이 시에서 "신발을 신고 오를 땐 새소리"도 듣지 못했지만, "맨발"로 걸으니 "새 울음소리"뿐만 아니라 "꽃들의 함박웃음"과 "낙엽들"의 "인사도 받는다"라고 표현되고 있다. "산"이 "텅 빈 줄만 알았는데 꽉 차 있다"라는 사실을 새삼 깨달은 것이다. 이때 시인이 또 하나 중요한 사실을 깨닫는다. 그것은 "그때 그 사람에게도 맨발이었더라면" 하는 후회의 마음이다. "그 사람"은 분명 소중한 사람이었을 터, 그에게 진실의 "맨발"로 다가가지 못한 것에 관해 성찰하고 있는 셈이다. 이 성찰이 곧 스스로 순수하고 진솔한 마음을 얻는 계기가 될 것임은 두말할 나위가 없다.

3) 가족 서사와 모성애의 아름다움

이 시집에는 사회적 타자에 가깝지만, 따뜻하고 아름답고 지혜로운 가족이 자주 등장한다. 가족은 인간 사회를 구성하는 근본적 제도이자, 다양한 철학적 해석과 논쟁의 대상이 되어 왔다. 가족의 철학적 의미는 단순한 혈연이나 법적 결합으로만 정의되지 않는다. 그것은 인간 존재의 조건이자 사회의 기초이고, 개인과 공동체 관계의 핵심 단위에 해당한다. 다시 말해 가족은 인간이 사회적 동물임을 보여주는 가장 기본적인 공동체 단위다. 인간은 혼자서는 존재할 수 없는 존재로서 타인과 돌봄을 주고받으면서 살아가기 마련이다. 동아시아의 유교 전통 속에서 가족은 인륜적 삶의 기초이자 국가와 사회의 축소판으로 간주된다. 고대 희랍의 철학자 아리스토텔레스는 가족을 자연 상태에서 비롯된 가장 기초적 공동체로서 사랑과 돌봄, 생존의 본능적 기반 위에 형성되는 것이라고 보았다. 가족 구성원 가운데 부모는 핵심적 존재일 터, 김길중 시인의 시에서도 세파에 시달리면서도 열성으로 살아온 아버지와 어머니가 비중 있게 등장한다.

> 아버지 자전거 타고 집으로 돌아오신다
> 왼쪽 오른쪽 기우뚱해도 선명한 바퀴 자국 남기며 돌아오신다
>
> 바퀴 자국마다 쓰러지지 않기 위해 뱉어낸 긴 숨들이
> 서설瑞雪처럼 묻어 있다
>
> 불사조인 줄만 알았던 아버지
> 비틀거림에 끼인 채 아슬아슬한 안장 위에서
> 가쁜 숨 고르며 돌아오신다
>
> 진창길 지나 언덕길 지나
> 오늘을 키우신 아버지
>
> 굽은 등을 타고 오르던 햇살도 저녁놀 속에 몸을 누이는데
> 흔들림에도 오히려 웃으시며 돌아오신다

아버지
거인처럼
―「거인」 전문

  이 시는 어린 시절의 기억 속에 존재하는 아버지를 회억한다. 가족의 생계를 위해 밖에 나갔던 "아버지"는 고생의 흔적을 그대로 간직하고 돌아온다. 험한 세상에서 "자전거" 타듯이 "기우뚱"거리며 살던 "아버지"는, "쓰러지지 않기 위해 뱉어낸 긴 숨들"과 함께 돌아온 것이다. 그 모습을 보면서 "불사조인 줄만 알았던 아버지"가 실은 나약한 존재였음을 깨닫는다. 세상살이의 중심을 잡기 위해 "비틀거림"과 "가쁜 숨"으로 안간힘을 쓰면서 살아온 것이다. 즉 "아버지"는 세상의 "진창길 지나 언덕길 지나" 고생하면서도 귀가할 때는 "웃으시며 돌아오신다"라는 사실을 발견한다. 그 웃음은 가족들을 위한 배려의 마음이었을 터, "아버지"는 고생스러운 일과를 마치고 피곤한 심신으로 귀가하면서도 가족들을 위해 웃음을 보인 것이다. 시인은 이러한 아버지를 "거인처럼" 위대한 존재라고 생각한다. 그런데, 그랬던 아버지가 이제는 노환으로 고생하면서 마음을 아프게 한다. "어쩌다 정신 줄 돌아오면/ 아버지는 병실의 흰 벽만큼이나 하얘진 얼굴로/ 쥐고 있던 줄 대신 내 손을 잡는다"(「줄」)라고 한다. "나"는 병실의 링거 "줄"을 통해 "아버지"와 교감하면서, "아버지"를 향한 연민과 사랑의 마음을 따뜻하고 넉넉하게 품는다.

  가족의 서정에서 빼놓을 수 없는 것이 어머니와 아내이다. 어머니는 "뚝배기 안에서 끓고 있는 쑥국에서/ 어머니의 미소가 보인다/ 오랜만에 어머니를 뵈었다"(『쑥국』), "흑백 사진 속 까맣고 앳된 얼굴들과 유년의 야윈 골목들과 어머니의 미소가/ 몇 알의 원기소를 따라 줄줄이 불려 나왔다"(『원기소』) 처럼, 언제나 그리운 존재이다. 아내 역시도 정서적 동지이자 삶의 지혜를 알려주는 소중한 존재이다. 아내는 "꼭 열려야 할 때 열리지 않으면 진짜 뚜껑 열리지만/ 때론 뚜껑이 소통의 뚜껑이 되기도 해/ 열릴 땐/ 뻥! 소릴 내야/ 제 맛이 나기도 한다"(『뻥!』)하는 깨달음을 전해주는 존재이다. 일상적 사물인 주전자의 "뚜껑"이 열리지 않는 스트레스 속에서 "뚜껑"이 지닌 소통의 의미를 깨닫고 있다. 아내는 이러한 지혜를 전해 주는 존재이다. 그래서 "아내의 간을 따른다// 군말 없이"(『군말 없이』)라고 한다. 아내에게 "군말 없이" 따르는 시인의 마음은 노후의 평화로운 생존(?)을 위한 필요조건이다.

가족의 서정을 구성하는 핵심적 요소 가운데 하나는 모성이다. 모성은 여성의 생물학적 특성뿐 아니라 인내, 포용, 사랑 등과 같은 사회문화적 의미를 포함한다. 시에 등장하는 모성은 대개 희생과 사랑의 상징으로 나타나며, 자녀뿐 아니라 타인과 존재 전체에 대한 사랑과 돌봄의 정신으로까지 확장된다. 그런데 김길중 시에서 모성애의 주인공은 시골에서 마늘 농사를 짓는 어느 소박한 할머니다.

  머리에 수건 두르고
  풍덩한 몸빼 바지 입은 할머니가 쪽 마늘을 심는다

  밭고랑
  간격 맞춰 뚫어 놓은 작은 구멍에

쪽 마늘 하나씩 넣고 손가락으로 꾹꾹 누른다

누가 먹는다고 그렇게 많이 심냐 물으니 큰 딸년은 삼겹살 먹을 때 알싸하게 매운 마늘이 최고라고 지랄이고 작은 딸년은 반찬으로 마늘쫑만 한 게 없다고 지랄이니 하는 수 없이 해마다 이 지랄한다며 나를 힐끗 쳐다본다

애들 학비 때문에 밭 담보 잡히며 꾸우욱 누르던 그 손으로
집안 돌보지 않던 바깥양반 때문에 본인 가슴 꾸우욱 누르던 그 손으로
꾹꾹 눌러 심으며

젊어서는 그 양반이 나를 꾹꾹 눌러주었는데 늙어서는 내가 딸년들을 위해 꾹꾹 누르고 있다며 씩 웃으신다

참 맑다
―「꾹꾹 누른다」 전문

이 시는 "몸빼 바지 입은 할머니가 쪽 마늘을 심는" 모습에서 출발한다. "할머니"는 "밭고랑"의 "작은 구멍"에 "쪽 마늘"을 "꾹꾹 누르"는 행위를 반복하고 있다. "할머니"가 마늘을 심는 행위는 "매운 마늘"을 좋아하는 "큰 딸년"과 "마늘쫑"을 즐겨 먹는 "작은 딸년"을 위한 것이다. 그런데, "할머니"에게 "꾹꾹 누르"는 행위는 단지 "마늘"을 심는 것에 그치지 않는다. "애들 학비로 밭 담보 잡히"던 때, "집안 돌보지

않던 바깥양반"으로 인해 "본인 가슴을 꾸우욱 누르던" 행위와 다르지 않다. 이 행위들의 동기는 다를지언정 그 정신적 배후는 동일한 것이다. 즉 "마늘"을 심기 위해 "꾹꾹 누르"는 행위나 답답한 마음을 달래기 위해 "가슴 꾸우욱" 누르는 행위도 모두 모성애에서 비롯된 것이다. "내가 딸년들을 위해 꾹꾹 누르고 있다"라면서, 그 고단한 노동과 남편의 무능을 망각하고 "씩 웃"는 것은, 마음 깊이 가득한 모성애가 아니면 불가능한 일이다. 시의 결구에서 "할머니"의 이러한 모습을 표현한 "참 맑다"라는 시구는 모성애의 아름다움에서 오는 감동의 표현이다.

3. 에피그램, 잃어버린 사랑의 시간

이 시집은 주변인을 향한 공감과 연민, 불완전한 자아의 성찰, 애틋한 가족애와 모성애 등이 도드라진다. 또한 시집 곳곳에 생명과 존재에 관한 지혜의 언어들이 번뜩인다. 그 지혜는 나이 든 사람들이 흔히 보여주는 교훈에 그치지 않는다. 그것은 인생의 본질과 세상의 원리에 대한 깨달음의 에피그램이다. 가령 "살면서 생활의 자리를 바꾸다가/ 생사의 자리를 바꾸는 게/ 순리다"(『순리』)에서, 세대교체와 생사의 자리바꿈이 인생이 순리라는 깨달음을 전한다. "날아오르는 위해서는 비워야 한다"(『날아오르려는 것들에 대하여』)에서는, 욕심을 비우는 일이 비상의 조건이라는 지혜를 알려준다. 또한 "아무리 좇아가도 나비는 보이지 않고 팔랑이던 날갯짓만 남아 있다"(『문득』)에서는, 본질을 찾지 못하고 표면적인 현상에 머무는 인간의 어리석음을 비판한다. 이러한 지혜의 에피그램들은 김길중 시인이 쌓아온 삶의 내공이 얼마나 깊은지 알려준다.

  이처럼 이 시집은 다양한 서정과 지혜의 에피그램으로 풍요롭다. 이 풍요로움을 더욱 풍요롭게 하는 것은 잃어버린 시간, 떠나간 사람에 대한 사랑의 기억이다. 이 시집에는 사랑에 관한 시가 자주 등장하지 않지만,「화룡포 연가」라는 사랑시는 김길중 시인의 인생과 시 쓰기의 근원을 엿볼 수 있다는 점에서 인상적이다.

    돌아나가는 물길처럼
    내버려둬야 할 마음이 앞산에 닿아 있는 구름다리를 건너
    뽕뽕 다리 위에서 심장을 통과한 몇 개의 추억이 울렁거렸다

    삶이 우리를 속이거든 그때 외나무다리에서 만나자던
    유빙 같은 약속은 수척해질 대로 수척해져

    강가의 모래알들이 일어서려 부르르 몸을 털고
    온기 남은 추억이 바람의 고삐를 잡고
    빠르게 빠져나간다

    네 살던 집에 다다른 내가
    안부의 마지막을 묻듯 나지막하게 네 이름을 불러봐도
    너는 이 물길처럼 삶을 휘돌아 가고 있겠지만

그리움의 바늘귀를 통과한 나는
몇 개의 바람을 포개놓고 그 위에 잠시 머무르려 한다
―「화룡포 연가」부분

　이것은 지나가 버린 과거의 사랑 이야기지만, 그 기억이 주는 마음의 영향력은 현재 진행형이다. 강변 마을을 배경으로 펼쳐지는 사랑 이야기는 지난 날의 일이다. "마음" 깊이 간직한 "몇 개의 추억" 가운데 으뜸은 힘겨울 때 "외나무다리에서 만나자던/ 유빙 같은 약속"이다. 그러나 "유빙"이라는 비유가 암시해 주듯이 그 "약속"은 지켜지지 않았다. 어떤 이유였는지는 알 수 없으나, "추억이 바람의 고삐를 잡고" 사라져 버리고 말았다. 미련이 남은 "나"는 "네 살던 집"에 가서 "이름을 불러봐도" 소용이 없다. "너는 이 물길처럼 삶을 휘돌아 가고 있"을 뿐이다. 한 시절 오랜 시간 동안 "너"를 그리워하던 "나"는 "그리움"만이 쌓이고 쌓인다. 하지만, 그리움도 깊어지면 사랑의 일부 혹은 그 초월의 상태가 되는 법이다. 그리하여 "그리움의 바늘귀를 통과한 나"는, 이제 "몇 개의 바람을 포개놓고" 사랑의 통과제의를 거치고 있는 셈이다. 이 사랑과 이별의 경험은 "나도 온전한 나로 거듭나길 바라"는(『가라루파』) 소망과 관계 깊다.
　그런데 이 시의 "너"는 김길중 시인이 살아오면서 잃어버린 것들을 폭넓게 의미한다고 볼 수 있다. 청춘 시절에 좌절된 꿈이나 이상, 가까웠지만 헤어진 친구나 지인, 어떤 결핍에 시달리는 내면세계 등을 두루 의미한다고 할 수 있다. 물론, 이미 멀어져 간 첫사랑이나 진실한 사랑의 대상일 수도 있다. 아마도 이러한 상실감이 김길중 시인으로 하여금 시를 쓰게 하지 않았나 싶다. 그렇다면 이 시는 이 시집이 존재하게 된 정서적 근거라고 할 수 있다. 김길중 시인은 상실과 부재를 단순한 결여가 아닌, 창조와 성찰, 존재의 의미를 발견하는 예술적, 인간적 계기로 삼는다. 프로이트가 말했듯이, 예술은 현실에서 채워지지 않은 내면의 결핍된 욕망을 상징적으로 해소하는 과정이다. 언어예술가인 시인은 자신의 결핍과 욕망을 시로 표현하고, 그 과정을 통해 결핍을 위로받고 채울 수 있는 정신적 에너지를 얻게 되는 것이다. 그렇다면 김길중 시인에게 시는 삭막한 세상을 견디게 해 주는 삶의 "줏대" 혹은 "심줄"(『심줄』)과 같다고 할 수 있다. 이것이 바로 김길중 시인이 세상살이의 답답한 마음을 "꾹꾹" 누르면서 시를 쓰는 이유가 아닐까?

김 길 중

김길중 시인은 대구에서 출생했고, 경북대학교 문헌정보학과를 졸업했다. 2023년 계간 『애지』로 등단했고, 현재 애지문학회 회원으로 활동하고 있다.

김길중 시인의 첫 번째 시집인 『군말 없이』는 '타자를 환대하여 나를 풍요롭게 하는 시편들'이라고 할 수가 있다. 시인은 타자를 의식하고 받아들이는 과정에서 자기성찰과 더불어 자아와 타자의 유사성을 탐색하면서 인생을 보는 눈을 확장한다. 이러한 그의 시는 주변의 존재, 나와 다른 것을 배척하거나 부정하지 않는다. 오히려 그러한 존재들을 배제하려는 폭력적 동일성의 논리를 비판하면서 타자의 목소리와 경험을 시에 적극적으로 도입한다.

이메일   birdiechance@hanmail.net

김길중 시집

군말 없이

발 행	2025년 7월 23일
지은이	김길중
펴낸이	반송림
편집디자인	반송림
펴낸곳	도서출판 지혜, 계간시전문지 애지
기획위원	반경환
주 소	34624 대전광역시 동구 태전로 57, 2층 도서출판 지혜
전 화	042-625-1140
팩 스	042-627-1140
전자우편	eji@ji-hye.com
	ejisarang@hanmail.net
애지카페	cafe.daum.net/ejiliterature

ISBN	979-11-5728-578-5 03810
값	12,000원

이 책의 판권은 지은이와 도서출판 지혜에 있습니다.
양측의 서면 동의 없는 무단 전제 및 복제를 금합니다.

후원: (재)대전문화재단

* 이 사업은 대전광역시, (재)대전문화재단에서 사업비 일부를 지원 받았습니다.